024
다시올시선

詩

바람의 길

편정옥

024
다시올시선

바람의 길

편정옥

다시올

시인의 말

햇살 좋은 들녘에 벼 이삭 일렁이고 단내 나는 과실이 풍성한 계절에 덜 여문 제 글을 가족의 응원과 격려에 힘을 내여 시집을 내게 되었습니다.

육십이 넘은 늦깎이로 등단하여 안경을 고쳐 쓰면서 무딘 감성과 씨름하며 창작을 하는 일이 제겐 쉽지 않음을 느끼며 고명하신 시인들의 명시를 읽으며 존경을 금할 수 없었으며 오직 시에 대한 갈망 하나로 문학이라는 높은 산, 키 큰 나무들 곁에 작은 풀꽃으로 뿌리내리고 싶었나 봅니다.

아직 밑바닥에 고여 꺼내놓지 못한 말, 치열하게 최선을 다하지 못한 아쉬움이 조금은 부끄럽지만, 문단에 한발 들여놓기까지 길을 열어주신 김우종 교수님과 이근배 시인님, 부족한 제 시심을 키워주신 함동선 교수님께 머리 숙여 깊이 감사드립니다. 또한, 후배를 아끼는 마음으로 관심을 두신 신순애 시인님께도 감사 말씀 올리며 책을 잘 꾸며 주느라 애쓴 도서출판《다시올문학》발행인 김영은 시인과 버팀목이 되어준 제 가족에게 고마운 마음과 사랑을 전합니다

2016년 초가을에

편정옥

■ 차례 ■

1부 바람의 길

2부 발아래 있다

■ 차례 ■

3부 애인이 있어요

4부 마음 심(心)

1부
바람의 길

연화차

꽃이 한 번 꺾이면
목숨 다한 줄 알았더니
제 시절도 아닌 다기(茶器)에
요사채 백운에서 만난
생화인 듯 핀 연화 한 송이
벙근 채 간직한 향낭을 열어
풀어놓은 은행 빛 감로수
팽주의 정갈한 정성
오는 정 가는 정을 더하여
가득 채운 찻잔
양손으로 받쳐 들고
한 모금 머금으니
뜨겁지도 차지도 않아
입 안 가득 꽃이 핀다
한 모금 남은 차를 비우니
다시 환해지는 빈 마음
지고지순 차향에 젖는다

미완의 길

북한강이 흐르는 길
참 굽이굽이도 흐른다
모처럼 산뜻한 나들이에
높고 낮은 산이 동행하며
머리에 구름이고 따라온다.
아직 벼가 여물지 않은 논길
실바람 서성이다 양수리에 머물고
물속의 어족 오수를 즐기는 지
아무도 살지 않은 듯 고요하다
열두 폭 치마를 팔랑이며
볼연지가 예쁜 연꽃이 얼굴 내밀어
바쁜 길손의 발길을 잡는다.
세월 따라 내가 가는 거냐?
뒤를 따라 세월이 오는 거냐?
나는 지금 어디쯤 와 있고
미완의 길은 얼마나 남은 걸까
옥빛 고운 살결 하늘을 이고
들판을 달리는 가을 햇살
등을 달군다

만추(晩秋)

잔잔한 호수를 품에 안고
양옆 봉곳이 솟아오른 산
호위하듯 둘러선 농원에
뒷목이 서늘해지는 바람
가을을 지휘하자 추녀 끝에
매달린 풍경이 고요의 음색을
허공에 풀어놓는데
화려하게 성장한
만산홍엽(滿山紅葉)이다
곡식을 털어버린 들판
눕지도 못하는
허수아비, 허수어미가
다음, 누대의 생을 기약하며
저기 붉게 터지는 빛 속으로
바람 털리는 소리를 내며
늙어가고 있다

상고대

짙은 어둠이 덮인 고요한 강가
밤새 강물은 물안개 피우다
꽁꽁 얼어버린 알몸의 가지에
낭창낭창 꽃을 매달았다

아스라이 밝아오는 푸른 여명에
적막과 고요 순결까지도
아껴 얼려둔
눈부신 순백의 설렘이여

맑아 너무 맑아 속까지 내비치는
소름 돋는 한기에 으스스
시리게 핀 눈꽃이여

보시하는 나무

경복궁 마당에는
파랗게 얼어있는 하늘과
붉은 홍시 몇 개와
칼바람도 비껴가는
끼니를 거른 매서운
십이월이 걸려있다

몇 마리의 굶주린 새가
추위와 적막에 매달려
쪼아 먹은 감, 쪼그라들면
새의 앞가슴은 볼록해지고
겨울은 더 난폭해 진다

장대를 맞고도 빈집 지키며
악착같이 매달려 남은 것마저
앙상하게 내어주는 경복궁에는
산타 감나무 한 그루 있다

눈꽃

달빛도 고운 야심한 밤
밤새도록 쌓이고 쌓여
산과 들 지천으로
잎도 꽃도 하얗게 핀
순백이 눈부시다

무심한 바람에
속절없이 져 버릴
긴 여운의 아쉬움을
은은한 달빛과 뭉쳐
눈에 담아 두었다가
그리운 이 만나면
고스란히 전해주리.

구례 화엄사

산길 물길 지나 찾아간 화엄사
부처님의 자비로운 미소가 푸근하다.
빛바랜 단청 끊어질 듯 파인 문턱
얼마나 많은 불자가 자비를 구해
간절한 사연 공을 들였을지…
숙연하고 경건해지는 마음
법당의 타는 촛불은 밤낮이 없고
허물어진 담장에 등 굽은 벚나무 한그루
검은 기와에 수를 놓은 듯
한 폭의 동양화가 아니던가
점심 공양을 알리는 스님의 종소리
듣기만 해도 그냥 배부르다

단풍

바람에 나부끼면

노을이 타는 듯 꽃이 만개한 듯

가을이 삽상한 향기에 젖으면

마음을 훔치고 눈길을 사로잡는 너

꽃이 아니어도 꽃인 양

설레는 마음도 함께

하냥 하냥 곱구나

달 바라기 꽃

마음은 가도

몸은 갈 수 없어

쌓이는 그리움

바람에 실어서

당신께 띄워요

그대가 오시는 길목

휘영청

달빛 쏟아지는 밤

백담사 계곡

뉘 푸른 물감을 풀었나
산 푸르러 물 푸르렀네
데일 듯 내리쬐는 불볕더위
기승을 부려도 첩첩산중
골짜기 바람이 시원하다.
굽이쳐 계곡 타고 달려드는
물보라 맞으며 멍석만 한
바위가 근엄하게 앉아
쉬어가라 발목을 잡는다
산천아 목청 높여 들어주렴
나는 멈추어 들으련다
물소리 솔바람소리

바람의 길

천지를 떠도는
대적할 수 없는 힘
더없이 큰 두려움으로
오가기도 한다만, 존재를
못 느낄 만큼의 가벼움으로
작은 풀꽃에도 입맞춤 하는
살가운 바람아
구름에 햇살이 숨은 날
풀 먹인 어머니 모시적삼
고슬고슬 말려주는 바람아
사노라고 살다가 더러는
짊어진 무게가 버거운 날
한숨에 숨길 터주는
만년을 헤어도 헬 수 없는
수많은 목숨의 들숨날숨
한량없이 베푸는 바람아
멈추지 말고 불어라

꽃이 있던 자리

어린싹이 우쭐우쭐
키 크는 산길을 오르다
목이 타고 숨이 차
잠시 숨 고르다
눈앞에 핀 진달래를
염치없이 한 움큼 땄다
떫은 듯 달차근한 꽃 즙에
갈증은 면했다만
꽃이 있던 그 자리
자꾸 눈에 밟혀
뒤돌아본다

지독한 사랑

때가 됐는지 윤기 자르르
닿으면 튕길 듯 탱탱한 촉감
불같은 사랑에 데어도 좋을
사랑할 준비가 되었나 보네
필사적으로 칭칭 감아올리며
폭발할 것 같은 탱탱한 자태
부산하게 안달하더니 요염하게
눈보다 부신 흰 꽃 매달아 놓고
지독한 사랑에 퐁당 빠진 거다
가문을 이을 튼실한 씨주머니
자랑스레 매달고 꽃잎 떨구는
기세, 의기양양하다

개망초

들판에 무리 지어
지천으로 핀 작고 흔한 꽃
간들간들 가녀린 모습 보고
약하다고 깐보지 마세요.

보살피지 않아도 잘도 크는
억척스러운 생명력
주변 풀도 자랄 수 없어
붙여진 내 이름 개망초

봄이면 꽃들의 축제
봄 햇살은 더없이 화려해도
노루 꼬리만 한 우리의 축제
너무너무 짧아요

백도의 풍경

하늘과 바다가 맞닿은
끝없이 펼쳐진 쪽빛 지평선
물빛 하늘빛이 참 아름다워
가다가 그 자리에 멈춰선 듯
인간의 발길 차마 닿을 수 없는
기암절벽의 바위섬은 침묵 중
깎아지른 절벽 아래 유유히
나르는 물새 떼를 벗하여
파도에 묻힐 듯 기우뚱한 낡은
낚싯배 따갑게 내리쏟는 햇볕에
검게 그을린 늙은 어부
각도 따라 또 다른 모습으로
낚싯대를 드리우고 있다

어미

잎이 무성한 나뭇가지에 매달린 새 둥지 하나
아직 털이 보송보송한 새끼 세 마리가 있다.
삼각대에 카메라 장착하고 모기떼의 만찬 견디며
긴장 속에 숨어 기다린 지 세 시간
무슨 일 생긴 것인지 어미가 오지 않는다
극적인 장면을 담으려 팽팽하게 부풀었던 기대
불안과 안쓰러움으로 바뀌었고
배고픈 새끼 목을 빼고 울다 지쳐 조용하다.
걱정에 긴장이 풀릴 때 잠잠하던 새끼 새
파닥거리며 먹이를 가득 문 어미를 보고
입을 벌리자 둥지가 소란스러워졌다
보채는 새끼에게 먹이를 주는 어미
동물이라고 다를 바 있으랴
아름다운 광경을 넋 놓고 보다
해제 버튼 누르는 것을
깜빡 잊을 뻔했다.

2부
발아래 있다

발아래 있다

새벽이 자욱한 안개 바다
키 큰 빌딩까지 납작하게 잠겼다
침몰한 도시를 벗어나려
물 들 것 같은 젖은 초목에 묻혀
버티는 최선이 최후의 만찬처럼
비탈진 산길을 오른다
정상이 코앞인데 맴도는 그 자리
모자에 하얀 소금 꽃 피고
갈증에 마시는 약수 한 바가지
꿀보다 더 달콤하다
산중에서 듣는 청아한 독경 소리
공해에 오염된 귀를 씻기고
풀냄새 맡으며 하늘 한 번 보고
흙내 맡으며 항복을 궁리 중인데
옷이야 버리거나 말거나
풀썩 앉아 걸어 온길 내려보니
높은 빌딩이 내 발아래 있다

임 가신 날

- 1945년 2월 16일

조국을 목숨처럼
사랑하신 별의 시인
29세의 젊은 지성
아직 꿈이 채 여물기도 전에
일제의 잔인한 광풍에 꺾이신
비통한 마음
통곡한들 피맺힌 한 풀리리까!
후쿠오카의 음습하고 추운 감옥에서
서릿발 혹독한 고문으로
홀로 먼 길 가신 임 생각에
뼛속까지 시려
몸서리쳐집니다
임이여!
이제 고이 잠드소서
임의 맑은 감성과 나라 사랑
가슴에 꺼지지 않는 불씨 되어
늘 활활 타오르고 있습니다

연모
- 동주에게

그대를 사모하는 나는

당신을 임이라 부르렵니다.

사철 마를 날 없이

퍼내도, 퍼내도 샘솟는

반쪽짜리 내 사랑은

별이 되어 가신임을

애가 마르는 그리움에

제 홀로 서럽게 타는

촛불입니다

시인의 사후

- 윤동주 생가에서

일제의 손에 꺾인 무궁화 한 송이
육신은 한 줌 흙이 되셨지만
당신의 순결한 민족정신은
영원히 살아 숨 쉬고 있습니다
당신이 누워 계신 묘비 앞에
비통한 마음 무릎 꿇고
시 한 편과 꽃다발을 바칩니다
이제 아무에게도 간섭받지 않는
자유로운 유택에서 편히 쉬시며
평소 그리던 어머님께 효도하고
들꽃과 풀 향에 묻혀 밤새도록
쏟아져 내리는 별을 헤아리며
마음껏 시어를 낚고 계시기를

만해 문학관

달 없는 별 푸른 밤눈을 감고

만해 한용운의 속삭임을 듣는다.

매사 듣지 않고 보지 않고

어찌 임의 침묵을 알까

인고의 세월 고이 두고 지켜

물려주어야 할 문학의 숨결

산 좋고 물 좋은 이곳에 터 잡고

곳곳에 퍼지는 시향에 이끌려

시인의 발걸음 줄을 잇는다.

바다를 품다

마음은 그대 향해 일렁이는
동해의 푸른 물결이니
그대 구름 되어 오세요
끝없이 펼쳐진 수평선에
황금빛 일몰이 잠기면
그대 눈동자 별이 되어
밤바다에 꽃잎으로 밀려오세요
바다를 품다 몹시 그립거든
그립다 말하지 말고
오늘 밤 달이 지기 전
등대를 바라보며 바람인 듯
썰물처럼 달려오세요
그리운 날에는 서로의 가슴이
제격이지만, 그대를 기다리는
내 가슴은 빨갛게 파랗게
피멍이 들어 산산이
부서지고 있네요

그리움

빗방울이 나뭇잎의 얼굴을
간질이며 내리는 날은 창가에 앉아
사색의 오솔길을 걷겠습니다.

목덜미에 감은 머플러가 날릴 듯
바람이 부는 날 갯내음이 알싸한
바닷가로 홀로 여행을 떠나렵니다

눈이 부신 햇살에 구를 듯
영롱한 아침 이슬이 매달린
붉은 장미가 향기를 번지면
아무래도 그리움은 더해져
눈물이 날 것만 같습니다

별이 몹시 그리운 날은
전등의 화려한 도심을 벗어나
개구리 합창이 구성진 강가로 나가
강물에 무수히 떨어지는 별을
가슴 가득 담아 오겠습니다

말차

공기 맑은 산기슭

태산의 정기 듬뿍 담은

사철 푸른 흰 꽃 찻잎

한겨울 눈 속에서도 살아남아

이듬해 새잎과 꽃이 상봉한다

여인의 지분인 양 향을 품고

차선에 잡혀 소용돌이칠 때

운무가 잃어 자욱한 다기

눈에 가득 에메랄드빛 호수

그립다

눈 쌓이는 밤 군불 땐 아랫목처럼
사람 냄새 풀풀 나는 훈훈한 이야기가

봄 햇살 같은 미소로 서슴없이
가슴을 열어주는 넉넉한 인심이

가물고 팍팍한 일상에
소낙비 같은 유쾌한 웃음소리가

쓴소리 서슴지 않는 맑은 영혼의
가슴 울리는 용기 있는 목소리가

그 사람

알 듯 모를 듯
시선이 마주치면
눈가에 깊은 주름을 잡으며
왠지 말을 아끼는 그 사람

가끔 예쁜 영상에
안부를 전하고
어쩌다 보게 돼도
반가이 악수하며
보고 싶었다고 말하는

언제 봐도
깊은 눈빛의 유쾌함
한 방 날릴 것 같은
그 사람

승무

단정하게 여며 입은
새하얀 가사 위에
붉은 홍띠 드리우고
날아오르듯 사뿐히
허공을 차며 반원형으로
치켜든 버선발
멈추어 접었다가
활짝 날개를 펴
부드럽게 또는 강하게
종횡무진 비상하는
자유로운 백조여
정갈하게 접은 고깔 속에
다소곳이 감추어진 얼굴
꼭 다문 입술만 보일 듯 말듯
사연 많은 인간사
한 짐씩 지워진
중생의 백발번뇌를
긴긴 가사 자락에 실어
벗으려는 날갯짓인가
뿌리치고 뿌리치는
애절한 몸부림이여

친구

어디 흐르는 것이
강물뿐이랴

바람 불고 마음 시린 날
부르면 달려와
말 안 해도 아는 듯
등 토닥여주는 속 깊고
마음 따뜻한 네가
눈물 나게 그리워진다.

보이지 않는 속마음
눈으로 보고 가슴으로
알아차리는 것

너와 나의 마음 길
밀물 썰물 출렁이며
함께 따라 흘러간다

내게 이르는 말

다양한 사람의 사람과
어울렁 더울렁 어울려
심심치 않게 살려거든
따지지도 묻지도 말고
네 탓 내 탓 탓하지 말고
지금은 참아 주고
조금은 기다려 주고
가끔은 속아도 주고
알아도 모르는 듯
말랑말랑하게 살자

내 탓이요

사람과 사람 사이
궂은일 좋은 일
부대끼며 살다 보면
피붙이나 타인 알게 모르게
너도나도 다치게 하는 일
핑퐁처럼 주고받으며 산다
더 많이 더 큰 사랑의 비례로
다친 상처 깊어도 숨긴 죄
불치병 되는 줄 모른다고
쇠가 제 몸의 녹으로 상하듯
모든 일의 근원은 내게 있으니
가슴을 치며 하는 기도
내 탓이요 내 탓이요
제 큰 탓이옵니다

침묵의 강

부신 햇살처럼 그대 눈

차마 바라볼 수가 없습니다.

그대에게 꼭 하고 싶은 말도

만나면 어디로 숨어버려

빗장이 걸린 입술은

열리지 않습니다.

바다를 찾아 먼 길 마다치 않고

유유히 떠나는 강물처럼

내 마음 그대 향해

사시사철 달려가고 있는데…

가지치기

내 안에 숨 쉬는
사랑과 아픔
기쁨과 미움
알게 모르게
삐죽삐죽
가시가 돋아나
자꾸 웃자라서
나를 찌르고
누군가 다칠까
날마다 조금씩
쳐내는 것을
멈출 수가 없다

3부
애인이 있어요

당신에게 쓰는 편지

차 안에서 운전대를 잡은 당신의 옆모습이 낯설어 보였습니다. 항상 옆에 있는 가족이기에 눈여겨보지 않았던 건지 깊게 잡힌 세월의 흔적이 눈을 찔러 콧잔등이 매웠습니다 거울은 정직하게 말해 주는데 내 마음의 눈은 도수 높은 안경처럼 흐려진 건 아니었는지

부부로 살아오는 동안 함께 하는 일도 있었지만 각자 감내해야 할 자기 몫의 짐도 있기에 기쁜 일 힘든 일 함께 지나온 세월 더러는 내 안에 밑 빠진 독 하나 있어 볼멘소리로 투정부릴 때도 있었지만, 긴 여정의 종착지를 모르기에 고희에 이른 지금 내 앞에 가족의 건강한 얼굴을 볼 수 있는 것만으로도 기적에 가까운 일임을 알기에 가족의 중심에서 큰 바위가 되어 가장으로 묵묵히 지켜준 당신이 있었기에 ……

또한 내가 나에게 이만하면 별로 특별할 것까지야 없지만, 아들딸이 엄마라고 부르고 손자가 할머니라 불러주는 지금 이만하면 괜찮게 살아온 게 아니냐고, 앞서가는 시간을 따 무작정 달려온 당신에게 손 내밀어 그동안 수고하셨노라고 감사하다는 말 꼭 전하고 싶습니다

어른으로 산다는 것

어린 시절
하지 말라 안 된다

왜 그렇게 못하게 말리는 것이
많았던지, 커지는 궁금증과 호기심은
얼른 자유로운 성인이 되고 싶었다

어른이 되면
꾸지람도 안 듣고
하고 싶은 것 다 하며
세상 편하게 살 줄 알았던
유년시절의 기억 저편은 아득하고

지나간 세월의 흔적으로 얻은
어른이라 불리며 새겨진 호칭
살아온 시간만큼의 깊이와 무게로
나를 시집살이 시키고 있다

애인이 있어요

나는 사랑해야 할 상대도
사랑받을 대상도 많은 여인이다
아들 하나 딸 넷이 성장하기까지
놀랄 일 기쁜 일 눈물 쏟을 일
한두 번 아니었다만 아들딸아
너희는 내가 사는 의미 전부였고
무남독녀인 나에게 너희 오 남매는
숫자를 생각해본 적 없이 키웠다

큰딸의 첫 손자가 태어나던 날
분만실 앞에서 초조하게 기다리다 듣던
첫, 울음소리 경이로운 생명의 탄생
엄마가 되고 할머니가 되지 않고서
감격스러운 그 마음 알 수 있을까
내가 첫딸을 출산했을 때 눈물로
붉게 상기된 모친의 얼굴이 내 얼굴에
투영되는구나

손자 손녀가 태어날 때마다
사랑에 빠져 세월 가는 줄 모르고
너희가 엄마하고 부르거나
할머니라고 부르며 나를 찾을 때
나는 제일 행복하단다
너희는 내 꿈과 소망이 응축된
불변의 애인이니까

보내지 못하는 편지

- 그리운 어머님께

한 점 혈육을 남기시고
당신은 이승을 떠나셨지만
어머님 안 계신 거친 세상
바람 부는 빈 들판에 홀로 선 듯
너무도 삭막합니다

하늘 아래 어느 곳에 가 봐도
다시 들을 수 없는 그 음성
오갈 수 없는 길인 줄 알지만
그리움이 사무칠 때면 아이처럼
속절없이 울기만 합니다

어머님의 불같은 꾸지람과
매운 회초리라도 맞아봤으면
철없이 불효했던 기억은
두고두고 죄스러운 마음으로
비수 되어 가슴에 박힙니다

품에 안겨 잠들던 어린 시절
아늑한 평화도 철들며 사라져버린
꿈같은 옛이야기지만 지금도
귓가에 맴도는 자장가 소리
생생하게 기억납니다

부칠 수 없는 편지

- 오월에 부쳐

오월 초하루
그리운 어머님께 노란 국화 한 다발 바칩니다.
"꽃보다 잎이 더 좋아"하고 말씀하시던 어머님
오월의 푸른 잎이 질까?

가을이 오기 전에 신부가 면사포를 쓴 듯 날개 같은 새하얀
미사 보를 쓰고 가슴에 얹힌 십자가에 두 손 모으고
제게 남겨주신 벅찬 사랑은 고스란히 남겨둔 채
훌쩍 천주님 곁으로 가셨습니까

항상 넉넉한 것을 좋아하셨던 어머님
여섯 평 유택이 마음에 안 들겠지만, 삼베옷과
베 이불은 시원하신지요

짙푸른 산속 꾀꼬리가 제아무리 낭낭해도, 생전에
불효했던 일이 떠올라 가슴이 메어 서럽게만 들리고
거리에서 어머님과 비슷한 모습을 보면 달려가다
황망히 멈춰 서곤 하지요

외출했다 집에 돌아오면, 집안 어느 곳이나
어머님 손길이 닿는 것에서 체온이 느껴지고
살가운 육성으로 "이제 오니" 하시며 맞아 주실 것 같은데
문득 외딴 섬처럼 적막해지는 마음 걷잡을 수 없을 때면
어머니의 사랑이 그리워 눈물이 납니다

레베카의 눈물

시애틀에서 태어난 둘째 딸의 외동딸
레베카는 전교 1위 성적을 놓치지 않는
딸 내외의 기쁨이고 보물이다
레베카는 나를 코리아 할머니라고 부른다
돌 때 일곱 살 때 왔다 가고
9학년 숙녀가 다되어 다시 온 레베카
모국어를 모를까 염려했지만
유창한 한국어에 영어 한글까지
미국교회에서 학생들을 가르칠 정도의
실력이라니 기특하기 그지없다
한글학교에 보내 교육시키며
집에서는 한국말만 하도록
엄격하게 교육한 덕이다
레베카는 코리아가 너무 좋고
코리아 가족을 많이 사랑한다고 말한다
50일을 한국에 머물다 미국으로 돌아가는 날
레베카의 유난히 큰 눈에 눈물이 그치지 않아
빨갛게 부은 채로 돌아갔다
이별은 가슴 아프지만, 레베카가 흘리는
눈물의 의미를 알기에 마음은 기뻤다
딸이 고맙고 딸을 믿는다

꽃 잔치

눈 쌓인 산을 타고 내려온 바람
품속으로 파고들어 쌀쌀해도
봄은 봄이려니
얼음이 덜 녹은 강물에
팔뚝만 한 잉어 떼가 팔딱인다
나무와 꽃은 봄인 줄은 알고
철 따라 잎 나고 꽃 피우는 게
버릇이 되어가고 있다
홍매가 꽃망울 터뜨리니
덩달아 이 꽃 저 꽃 다투며
실눈 뜨고 수런거린다
그래 꽃, 지금부터
너희의 화려한 축제다

여인의 망부가

삶의 축복이고 선물이던 당신
하늘과 땅 사이가 이토록 먼 길인 줄
나를 꿈꾸게 하고 설레게 했던 행복이
약도 없는 불치병이 될 줄
그때는 알지 못했습니다

오늘도 그 찻집 빈자리에
두 잔의 차를 시켜 놓고
달려드는 파도를 바라보다
식어버린 찻잔을 남겨둔 채
손잡고 거닐던 모래톱에
활짝 웃고 서 있는 얼굴을
그렸습니다

그런 슬픈 표정 짓지 마세요
나는 추억으로 하늘길을 내고
그리움을 태워 당신 향한 길로
한 발짝씩 다가가고 있으니

설문대 할망

하늘과 바다 사이 실금 하나 아득해
하늘인 듯 바다인 듯 망망대해
여신이 만든 푸른 섬
들판에 소와 말 뛰놀고
백성의 꿈이 머무는 푸른 바다
대문 없는 돌담 집이 평화로운
여기가 지상의 낙원이다

한라산 붉은 철쭉 한이 서린
눈물 꽃인 줄 나 정말 몰랐네
길가 굴러다니는 돌에도
아픈 기억 하나 없으랴마는
오백 명 아들의 허기를 채울
스스로 죽이 된 어머니
만고에 없을 기막힌 사연이다

아들은 바위 되어 제주 지킴이
할망은 설문대 어머니
제주의 어머니

유년의 추억

하굣길 책가방 속에
빈 도시락 소리 달그락달그락

집으로 달려오는 마을 입구에 들어서면
초가지붕 굴뚝에 저녁연기 하늘하늘
옹기종기 모여 사는 정겹고 평화로운 풍경

지금 생활이 편리하고 좋아진 것 많아도
사라져 가는 것이 아쉬워 공허해진다
지금보다 부족한 게 많았던 시절이지만
군불 땐 아랫목처럼 따뜻하고 인심 좋았던
이스트가 귀해 막걸리로 발효시켜 만든
내용 없는 찐빵이나 만두, 수제비를 빚으면
별미가 아니어도 이웃을 부르거나
정까지 담아 한 대접씩 퍼 나르던…

가을이면 고사 떡 식기 전에 드시라
배려까지 싸서 이집 저집 돌리던
그 시절이 그립고
어머니가 그립다

꽃 중의 꽃

꽃만 꽃이 더냐
온 집안 휘저으며
웃음 유발하는
지지 않는 꽃 중의 꽃

보석처럼 영롱한 눈망울에
이도 안 난 선홍색 잇몸

환히 들어내며 시도 때도 없이
온종일 웃고 또 웃고

보고 또 봐도 귀여운 모습
강력한 자석처럼 끌어당겨
네 앞에서는 웃음보가 터져
어쩔 수 없이 난 네게
무장해제당한다

나의 봄날

봄을 깨우는 단비에
초목이 파르르 손 흔든다
반짝이는 햇살의 눈웃음
봄꽃 다투어 벙글고
볼 비비는 바람의 숨결에
터지는 아찔한 꽃 향

앞산 뻐꾸기 노래
산이 따라 합창한다.
해마다 꽃을 데리고 오는 봄
초목은 무성하게 소생하는데
단 한 번 주어지는 삶은
길고도 짧은 여정
내 생의 봄날은 언제였나?

4부
마음 심

통곡의 노래
- 잊지 못할 세월호

산과 들에 꽃 물드는 초록의 봄날
천지가 진동하는 비보에 놀란
비극의 팽목항 앞바다
아직 꿈도 펼치지 못한 어린 자식들
신이여 간구하오니 전능하신 손길로
모두 무사하게 보살펴 주소서
비통함에 넋이나가 할 말을 잃었다
아무것도 볼 수 없는 추운 바닷 속
얼마나 무섭고 두려웠을까
눈에 밟힌 얼굴 꼭 살아오라 기도하며
헬 수 없는 눈과 귀, 하나 되어
기다리고 기다리건만
아 어쩌나 세월호의 아까운 목숨
불면의 밤은 언제 끝나려나
울어도 풀리지 않는 이 허탈함
가족들의 지극한 소망의 끈을
어느 모진 손이 잔인하게 끊었느냐
꿈을 꾼 듯 믿기지 않는 참담함에
분노한 하늘과 바다도 통곡한다

낮과 밤의 여행

아침에 눈 뜨면 기다리지 않아도
찬란하게 뜨는 일상으로 끝없이
펼쳐진 세상의 문 열리면
만발한 꽃들의 교태가 시작된다
온갖 도발적인 소리에 마음 설레며
멀어져 아득해지는 눈길에도
마음에 뜨는 달빛에 취하며
산길 들길 구경하며 가다 보니
어느새 세월이 번개같이 간 건지
아직 여행의 종착역 가름할 수 없는데
그래 흔들리지 않을 것 같은 삶이
고단했다 해도 세상에
바람 한 점 없이 피고 지는
축복, 어디 있으랴

고물상

도롯가에 쏟아질 듯
고물이 쌓인 낡은 수레
휴일이라 굳게 잠겨 있다

문 앞에 땀에 달라붙은
머리칼을 쓸어 올릴 짬도 없이
굽은 허리를 방금 펴신 듯
고단해 보이는 할머니 두 분
고물을 소중한 듯
다독다독 매만진다.

쓸모없어 버려졌던 고물
할머니 손에 구제되어
고물상 앞에서 새 주인을
줄을 서 기다리는 중

관계

누군가와 두꺼운 벽이 생겨

소통이 안 될 때면 답답한 마음

눈에 보여도 없는 듯 상처만 주고받아

날 선 외로움에 베인다

그런데 어쩌랴

그 얼굴 다시 볼 텐데

마음 다스리는 씨앗 하나 심어

꽃 피면 내 마음 전할 수밖에

보리굴비

간간하게 염장하고
바람과 햇빛 쏘여
통보리 속에 숙성시킨 후
얻어진 이름 보리굴비
오랜 시간 공들인
몸값이 만만찮다

갓 지은 흰 쌀밥에
씹을수록 쫄깃한 게
일품인 보리굴비
어머님이 밥에 올려
떠먹여 주던 생각이나
접시 위에 가시가 목에
가로질러 걸린다

통증의 기억

피를 나눈 형제자매와도
누구와도 나눌 수 없는 통증

한계를 넘나드는 극한의
아픔을 통해서 참으로
작은 나를 보게 되는 것은
무슨 잔인한 진리의 묘수인지

작아도 속으로 깊은 상처
마음마저 피폐하게 만들어
치유하는 시간이 필요하다

제발 인제 그만
내 인내심의 한계를
시험하지 말기를

약속

할 일 많고 바쁜 날
약속을 해놓고
지체되는 시간에 쫓기다
다음으로 약속을 미룰까
갈등하는 동안
시계의 시침은 가속되고
마음이 앞서 째깍거린다
차라리 실수하느니
모난 소리 들을 각오하고
조심스럽게 양해를 받아
얻어진 약간의 여유
편해질 줄 알았는데
오히려 편치 않은 마음
사람을 만나는 일에
신중하지 못한 내 불찰
생각이 꼬리를 물고
분침 돌아가듯
되새김질한다

여로

맑고 찬 물살
골짜기 타고 철철 넘쳐
바위에 부딪히며 하얗게
물보라를 날린다

멀고 긴 여정을 돌고 돌며
그 생사의 무상함을
이렇듯 흘러갈 뿐인데

세상사 순리 따라
그렇게 흘러가려니
가고 있음은 알거니와

눈을 크게 뜨고 봐도
오늘내일 일 알 길 없다

예측불허(豫測不許)

초목은 눈, 귀 없어도
제 시절을 잘도 아는데
오묘한 세상일은
귀로 듣고 눈으로 봐도
명확히 알 수 없고
보이지 않는 속마음
더욱 알 길 없고, 순간
별의별일 다 생겨도
아무 일 없다는 듯
지구는 돌아가고
우리 앞에 다가올 일
눈뜨고도 알 수 없고
현재도 미래도
오직 한 분 당신만이
아시는 일

마음 심(心)

건넛마을 앞마당 멍석에

빨갛게 널려 있는 것

대추인지 고추인지

멀리서도 알겠는데

가슴 속에 웅크린

사람의 속마음

보고 또 쳐다봐도

알다가도 모를 일

롱부츠

신발장에 갇혀
세상구경 못 했다
꼭 맞게 입었던 옷
종류 불문 유행 불문하고
헐렁한 옷이 편하다
눈뜨면 만나지는 사람
빈틈없는 사람보다
넉넉한 옷처럼 편한
그런 사람 만나고 싶다
오늘같이 눈 오는 날은
헐렁한 옷에 부츠를 신고
편한 사람과 걷고 싶다

술

밤늦은 시간 만삭의 전철
숨을 몰아쉬며 멈춘다

문이 열리는 순간
지독한 알코올 냄새
둘러보니 홍시 같은 얼굴이
자기 집 안방인 양 졸고 있다

기분 좋아 한 잔
속 타서 한 잔
권해서 또 한 잔
술꾼의 핑계야 많겠지

아마 웃으며 따르는 술잔에도
안으로만 삯이던 삶의 무게
찰랑찰랑 담겼으리라

두물머리에 서면

남한강 북한강 흘러들어
합수(合水)한 두물머리
마음 사로잡는 풍광에
발길까지 잡혔다

언제 왔을까
황토 돛대를 단
작은 배 한 척
스르르 미끄러지며
팽팽하게 바람을 잡는다

어디 가려는지 묻지도 않고
주인 허락도 없이 내 마음
벌써 배에 올라 겁 없이
선뜻 따라나선다

비 내리는 임진강

북녘에도 5월은 왔는데
스치면 파랗게 물들 것 같은
마음은 가도 몸은 갈 수 없는 곳
임진강은 유유히 흐르건만
긴 세월 기다리다 늙어버린 철마는
북녘 하늘만 바라보고 있다

북녘에서 부는 바람을 맞는데
동포가 뱉어내는 한숨 같은
피맺힌 설움이다 비야 쏟아져라
통곡의 눈물 강물에 쏟아내라
허리 잘린 남과 북을 기억하며
실컷 울어라 비야 쏟아져라

삼월은

봄 햇살의 눈웃음이다

사르르 눈 녹는 흙 속에서
꼬물꼬물 새싹이 분주하다

시간은 끝없이 무한해도
봄은 영원히 늙지 않고
반가운 손님으로 찾아온다

꽃 비에 목마른 초목
얼음 녹는 강물 소리 들으며
파랗게 새파랗게 물든다

화사하게 핀 꽃이
아낌없이 향기를 선사하는
삼월, 삼월은 가슴 뛰는
젊음의 행진이다.

수달래

온몸에 감기는 봄볕

살갑게 사운 대는 바람

새도록 물장구치는 폭포

화들짝 눈을 뜬 수달래

그만 빨갛게 볼이 달아

부끄러움도 잊은 채

간들간들 요염을 떤다.

정신 못 차리게

독주

과육처럼 향기롭고 달콤한

기쁨과 눈물의 칵테일

취하는 줄 모르게 마시다

중독될 수밖에 없는 독주에

시도 때도 없이 열병을 앓는다

태풍의 눈 원심에 갇혀

소용돌이치는 회오리여

마셔도 가시지 않는

미친 조갈증이여

작품해설

정경교융(情景交融)을 통한 관계의 시학

박남희(시인, 문학평론가)

정경교융(情景交融)을 통한 관계의 시학

박남희(시인, 문학평론가)

1. 서정시와 정경교융(情景交融)의 시학

중국 고전시학에 뿌리를 두고 있는 우리나라 전통 서정시의 특징은 종종 시인의 객관적 사물에 대한 묘사와 주관적 정감의 표현이라는 양자의 통일, 즉 정경교융(情景交融)에 의해서 설명되곤 한다. 일반적으로 시인이 작품을 구상할 때 머릿속에 떠오르는 사물의 표상을 경(景)이라고 하고, 시인의 가슴속에 있는 사상이나 감정을 정(情)이라고 한다. 이 때의 경은 시인의 내면에서 떠오른 것이지만, 그것은 시인 밖의 풍경과 관계된다는 점에서 대상의 속성을 지니고 있다. 현대시가 발전하면서 이러한 전통시학의 비중이 다소 축소된 감이 없지 않지만, 현대성을 지닌 작품도 그 기저를 살펴보면 주관과 객관의 관계, 즉 자아와 대상의 소통을 바탕으로 하고 있고, 가장 대표적인 비유인 은유만 보아도 인간과 자연의 유비에 바탕을 두고 있다는 점에서 전통시학과 무관하다고 할 수 없다. 이 땅에 서정시가 살아있는 한 이러한 서정시의 전통은 앞으로도 지속되리라 생각된다.

필자가 이 글의 서두에서 전통 서정시의 문법을 이야기 하는 것은, 그것이 편정옥 시인의 첫 시집인 『바람의 길』이 지향하는 것과 일맥상통하기 때문이다. 육십이 넘은 늦깎이로 문단에 나와서 시에 대한 갈망 하나로 "밑바닥에 고여 꺼내놓지 못한 말"들을 한편 한편의 시로 엮어 보여주고 있는 이 시집은 시인의 마음 풍경을 인간과 인간, 인간과 자연의 관계성 속에서 보여주는 서정시의 전통을 따르고 있다. 이 시집의 첫 시인 「연화차」에는 연꽃이 꺾여서 목숨을 다한 후에도 연화차가 되어 향기를 발하고 있다는 점에서 늦깎이로 등단하여 시의 향기를 발하고 있는 시인의 모습과 흡사하다.

꽃이 한 번 꺾이면
목숨 다한 줄 알았더니
제 시절도 아닌 다기(茶器)에
요사채 백운에서 만난
생화인 듯 핀 연화 한 송이
벙근 채 간직한 향낭을 열어
풀어놓은 은행 빛 감로수
팽주의 정갈한 정성
오는 정 가는 정을 더하여
가득 채운 찻잔
양손으로 받쳐 들고
한 모금 머금으니
뜨겁지도 차지도 않아
입 안 가득 꽃이 핀다

한 모금 남은 차를 비우니
다시 환해지는 빈 마음
지고지순 차향에 젖는다

—「연화차」 전문

"꽃이 한 번 꺾이면/목숨 다한 줄 알았더니" 그것이 끝이 아니고 향기로운 차가 되어 제2의 삶을 살아가는 '연화차' 의 모습은 시인에게 감동을 준다. 특히 그 차의 온도가 "뜨겁지도 차지도 않아/입 안 가득 꽃이 핀다"는 시인의 묘사는 시인의 마음과 풍경이 만나 뜨겁지도 차지도 않은 적당한 온도에서 피워내는 한편의 시를 연상시켜준다. "한 모금 남은 차를 비우니/다시 환해지는 빈 마음"이라는 표현은 차의 맛과 여운을 인간의 마음과 연관시키고 있다는 점에서 정경교융(情景交融)의 시학에 닿아있다. 특히 여기서의 '빈 마음' 이라는 표현은 채우는 것 보다 비우는 것을 우위에 두는 동양정신에 부합된다. 예로부터 서양은 물질문명이, 동양은 정신문명이 발달하여서 서양의 물질문명이 인간 중심의 채움의 미덕 위에서 발전한 것이라면 동양 정신은 자연을 중심으로 한 비움의 미학에 토대를 두고 있다. 특히 청결, 신성, 순결 등의 의미를 가지고 있는 연꽃은 불교를 상징하는 꽃으로 널리 알려져 있다. 그것은 연꽃이 결코 맑은 물이 아닌 곳에서 서식하면서도 맑고 화사한 꽃을 피우는 모습에서 깨끗하지 않은 이 세상을 맑고 깨끗한 심성으로 살아가는 존재라는 의미를 찾게 되고, 꽃과 열매가 동시에 피어나는 연꽃을 통해서 깨달음과 행함을 동시에 추구하는 불교적 신앙의 요체를 발견할 수 있기 때문이다.

어린 싹이 우쭐우쭐
키 크는 산길을 오르다
목이 타고 숨이 차
잠시 숨 고르다
눈앞에 핀 진달래를
염치없이 한 움큼 땄다
떫은 듯 달차근한 꽃 즙에
갈증은 면했다만
꽃이 있던 그 자리
자꾸 눈에 밟혀
뒤돌아본다

—「꽃이 있던 자리」 전문

시는 어떤 관점에서 읽느냐에 따라 해석이 달라진다. 혹자는 다양한 해석이 가능한 시를 좋은 시로 여기기도 한다. 멀티시 또는 다중시로 명명되기도 하는 이러한 시들은 다양한 의미를 함의하고 있다는 점에서 흥미롭다. 편정옥 시인의 「꽃이 있던 자리」 역시 시인의 관점에 따라서 달리 해석될 여지가 있다. 우선 이 시를 생태시로 보면 산길을 오르던 화자가 숨이 차고 목이 말라 산길 옆에 피어있는 진달래꽃을 한 움큼 따서 목을 축이고 나서 진달래꽃이 있던 빈 자리가 못내 눈에 밟힌다는 내용이다. 생태시의 관점에서 보면 화자가 꽃을 꺾는 행위는 일종의 생태파괴, 자연파괴에 속한다. 이러한 관점에서 이 시는 화자가 죄 없는 꽃을 꺾은 자신의 잘못된 행위를 반성하여 쓴 생태시가 된다. 하지만 이 시가 과연 그런 의미만을 위해서 씌어진 것일지는 의문이다.

또 다른 관점에서 이 시를 보면 사랑시로 읽혀진다. 이런 눈으로 보면 "어린 싹이 우쭐우쭐/키 크는 산길"은 생명이 움

트는 봄날을 상징한다. 이것은 인생의 봄날에 대한 비유가 된다. 따라서 인생의 봄날에는 당연히 목이 타고 숨이 찰 수밖에 없다. 그리하여 화자가 눈앞의 꽃을 따는 행위는 사랑을 하는 행위의 은유라고 볼 수 있다. 그리고 화자가 길을 걸어가다가 "꽃이 있던 그 자리/ 자꾸 눈이 밟혀/뒤돌아"보는 것은 지나간 사랑에 대한 회한과 아쉬움을 표현한 것으로 볼 수 있다. 그런데 이 시는 한편으로는 메타시로도 읽힌다. 화자가 꽃을 따는 행위를 시인이 시를 쓰는 행위로 본다면 '꽃이 있던 그 자리'는 결핍을 동반하는 '문학의 자리'라고 말할 수 있다. '문학의 자리'는 결코 채워지는 자리가 아니다. 어쩌면 영원히 채워질 수 없는 결핍의 자리인지도 모른다. 시인은 그 자리가 늘 허전해서 시를 쓴다.

2. 바람 이미지와 마음의 현상학

기상학에 의하면 '바람'은 기압의 불균형에 의해서 발생한다. 하지만 시학의 차원에서 '바람'은 기상학에서 말하는 물리적 차원의 자연현상을 넘어서서 인간의 내면 현상을 나타내는 비유로 쓰이기도 한다. 현대시학에서 '바람'은 특히 변화무쌍한 인간의 내면을 나타내 보여주는 이미지라는 점에서 흔하게 등장한다. 특히 바람은 현대인들의 불안을 나타내는 대표적인 이미지라는 점에서 주목 된다. 특히 시인의 몸은 그 자체가 바람인 경우가 많다. 시인의 몸을 바람의 은유로 볼 때 바람의 동력은 마음에서 생겨난다. 시인은 마음으로 세상을 읽고 마음으로 아파하고 마음으로 우는 자이다. 그 마음의 중심에 바람이 있다.

천지를 떠도는
대적할 수 없는 힘
더없이 큰 두려움으로
오가기도 한다만, 존재를
못 느낄 만큼의 가벼움으로
작은 풀꽃에도 입맞춤 하는
살가운 바람아
구름에 햇살이 숨은 날
풀 먹인 어머니 모시적삼
고슬고슬 말려주는 바람아
사노라고 살다가 더러는
짊어진 무게가 버거운 날
한숨에 숨길 터주는
만년을 헤어도 헬 수 없는
수많은 목숨의 들숨날숨
목숨을 다한 사랑처럼
한량없이 베푸는 바람아
멈추지 말고 불어라

—「바람의 길」 전문

바람은 "천지를 떠도는/대적할 수 없는 힘"을 가지고 있으면서도 한편으로는 "더없이 큰 두려움으로" 세상을 "오가기도"하는 존재이다. 때때로 바람은 "존재를/ 못 느낄 만큼의 가벼움으로/작은 풀꽃에도 입맞춤 하는/ 살가운"모습을 하고 있다. 이는 흡사 시인의 변화무쌍한 마음의 풍경을 보는 듯하다. 따라서 이 시에서 '바람의 길'은 '시인의 길'의 은유로도 읽힌다. 그리하여 시인이 된 바람은 "구름에 햇살이 숨은" 힘겨운 날 "풀 먹인 어머니 모시적삼"을 "고슬고슬 말려주"기도 하고, "만년을 헤어도 헬 수 없는/수많은 목숨의 들숨날숨"이 되어 "살다가 더러는/ 짊어진 무게가 버거운 날/한숨에 숨길 터주는"고마운 역할을 하기도 한다. 이처럼 시인의 마음이 가는 곳에 바람이 있다.

시인은 다른 시에서 "그대가 오시는 길목/달 바라기 되어/휘영청/달빛 쏟아지는 밤"에 "마음은 가도/ 몸은 갈 수 없어/쌓이는 그리움/차마 꺾어버리지 못해/바람에 실어서/당신께 띄워"보낸다고 노래하고 있다.(「달 바라기 꽃」) 여기서 '바람'은 시적 화자의 안타까운 마음을 실어 보내는 매체이지만 그 주체가 시인일 때 '바람'은 '시'가 될 수 있다. 시인에게 있어서 자신의 마음을 가장 효과적으로 전달해주는 것이 시이다. 시인은 바람의 언어를 가지고 세상과 교감하고 바람의 손끝으로 대상을 만지고 그 느낌을 언어로 표현하는 자이다.

마음은 그대 향해 일렁이는
동해의 푸른 물결이니
그대 구름 되어 오세요
끝없이 펼쳐진 수평선에
황금빛 일몰이 잠기면
그대 눈동자 별이 되어
밤바다에 꽃잎으로 밀려오세요
바다를 품다 몹시 그립거든
그립다 말하지 말고
오늘 밤 달이 지기 전
등대를 바라보며 바람인 듯
썰물처럼 달려오세요
그리운 날에는 서로의 가슴이
제격이지만, 그대를 기다리는
내 가슴은 빨갛게 파랗게

피멍이 들어 산산이
부서지고 있네요

—「바다를 품다」 전문

사랑시의 외형을 갖추고 있는 이 시는 사랑하는 대상을 향한 화자의 마음이 바다를 품고 일렁이는 물결과 같음을 말하고 있다. 그런데 여기서 바다를 움직이는 동력은 바람이다. 이 시를 읽어보면 내가 사랑하는 '그대' 에게 '구름' 이 되어 "그대 눈동자 별이 되어/밤바다에 꽃잎으로" 와달라고 애원하지만, 그대 역시 나처럼 "바다를 품다 몹시 그립거든/그립다 말하지 말고/오늘 밤 달이 지기 전/등대를 바라보며 바람인 듯" 달려오라고 말하고 있다. 이 시에서 바다를 움직이는 것도 바람이고 그리운 사람을 나에게 데려다 주는 것도 바람이다. 여기서 '바람' 은 "그대 향해 일렁이는" 사랑하는 사람의 '마음' 이다. 이러한 화자의 애타는 마음은 끝내 "발갛게 파랗게/피멍이 들어 산산이/부서지고 있" 다. 그런데 화자가 이처럼 애타게 기다리는 '그대' 는 외형적으로는 사랑하는 사람이지만, 그대가 '구름' 이 되고 '별' 이 되고 '꽃잎' 이 되어 온다는 점에서 그것은 어쩌면 시일지도 모른다는 생각이 든다. 생각해보면 시인의 마음이야말로 사랑하는 시적 대상을 향해 출렁이는 바다를 품은 마음이다. 그렇기 때문에 시인의 마음 속에는 바다의 자유가 있고 파도의 열정이 있고 수평선처럼 아득한 미래가 있다.

시인의 또 다른 시 「그 사람」에서 "알 듯 모를 듯/시선이 마주치면/눈가에 깊은 주름을 잡으며/왠지 말을 아끼는 그 사람//가끔 예쁜 영상에/안부를 전하고/어쩌다 보게 돼도/반가이 악수하며/보고 싶었다고 말하는//언제 봐도/깊은 눈빛의 유쾌함/한방 날릴 것 같은/그 사람”이 어찌 사랑하는 사람에 한정될 수 있을까? 어쩌면 시인은 ‘그 사람’ 같은 시를 기다리며 그리워하고 있는지도 모를 일이다.

우주를 닮은 동그란 문
작은 동공에 비치는 사물이
끝없이 나가고 들어온다
시선이 마주칠 때
마음의 미세한 파동을
눈은 가슴보다 먼저 안다
눈은 마음을 담는 그릇
눈으로 말하는 외침이
말보다 더 강렬하게
내 감정을 훔쳐간다
그 작은 호수에
하늘과 바다가 담기고
기쁨과 슬픔이 담기고
사랑과 행복이 담긴다

—「눈동자」 전문

인간이 지니고 있는 오감 중에서 가장 큰 비중을 차지하고 있는 것은 시각이다. 인간이 세상을 입체적으로 바라보고 다양한 사물을 통해서 무한한 상상의 나래를 펼칠 수 있는 것도 시각 덕분이다. 인간의 신체 중에서 눈이 차지하는 면적은 작지만 그 작은 눈을 통해서 인간은 우주를 볼 수 있다. 시인은 인간의 눈을 “우주를 닮은 동그란 문”이라고 말한다. 작은 우주 문을 통해서 “동공에 비치는 사물이/끝없이 나가고 들어온다”. 일반적으로 눈을 가리켜 ‘마음의 거울’이라고 말하는 이유는 “시선이 마주칠 때/마음의 미세한 파동을/눈은 가슴

보다 먼저" 알기 때문이다. 여기서 '마음의 미세한 파동'은 인간의 내면에 숨겨져 있는 '바람'이다. 인간의 내면에 일렁이는 바람을 무엇보다도 먼저 감지해 내는 "눈은 마음을 담는 그릇"이다. 그 마음의 그릇에 "하늘과 바다가 담기고/기쁨과 슬픔이 담기고/사랑과 행복이 담긴다". 시인은 세상이나 사물을 마음으로 읽고 마음으로 표현하는 자이다. 시인이 지니고 있는 마음의 눈은 보통 사람의 눈보다는 섬세하고 새롭다. 하지만 시인의 언어는 헤프지 않아서 때때로 침묵으로 말을 할 때가 있다. 시인은 "그대에게 꼭 하고 싶은 말도/말 대신 손가락 끝으로 가르쳐준/ 저 햇살이 얼마나 예쁜지 아느냐고" "바다를 찾아 먼 길 마다하지 않고/묵묵히 떠나는 강물처럼"(「침묵의 강」) 침묵으로 말을 하기도 한다. 사랑하는 그대를 향해 유유히 흐르는 침묵의 강물 속에는 그대를 향해 꿈틀거리는 '바람'이 숨어있다. 시인은 그 '바람'을 이끌어내어 세상의 온갖 사물과 만나게 한다. 그러한 교감은 시인이 시를 쓰는 상상력의 원천이 된다. 그런 의미에서 시인의 내면에서 꿈틀거리는 바람은 창조적인 바람이다.

3. 둥지와 창공 사이를 오가는 마음의 행로

예로부터 인간은 하늘을 자유롭게 날아다니는 새를 꿈꾸었다. 그리스신화의 이카루스 이야기나 비행기를 만들기 위해서 고군분투했던 라이트 형제의 노력은 이미 우리에게 익숙하다. 우리는 대부분 어린 시절 새가 되어 창공을 자유롭게 날아다니는 꿈을 꾼 적이 있다. 어른들은 그 꿈을 키 크는 길

몽이라고 반기곤 했다. 새가 되고 싶은 인간의 욕망은 우주과학시대인 요즘에도 식을 줄을 모른다. 현대인들은 박쥐를 본뜬 전신 슈트와 망토와 첨단 무기로 무장한 가상의 슈퍼히어로인 '배트맨'에 열광하고, '조류인간'이라는 이름의 독립영화를 만들어 새가 되고 싶은 인간의 욕망을 다양한 장르로 표현해 내고 있다.

새는 하늘을 자유롭게 날아다니고 싶어하는 욕망을 지니고 있지만, 때가 되면 새끼가 있는 둥지를 찾아 돌아오는 귀소본능이 있다. 인간과 동물은 모두 모성이 있고 가족에 대한 사랑과 연대의식을 가지고 있다. 막막한 창공을 날아다니며 먹이를 사냥하던 새는 때가 되면 지친 날개를 이끌고 둥지로 돌아온다. 새에게 둥지는 단순한 집이 아니라 사랑의 보금자리이고 피곤한 몸을 누일 수 있는 어머니의 안온한 자궁과도 같은 곳이다.

둥지로 돌아오는 너는 행복한 새
일도 탈도 많은 세상을 벗어나
고단한 날개를 언제든 접을 수 있으니

창공을 날 수 있는 너는 행복한 새
볼 수 있는 눈으로 할 수 있는 일은 많고
수고하여 얻어지는 결실에 흐뭇해질 테니

추억이 담긴 둥지가 있는 너는 행복한 새
미완성인 풍경을 어디쯤 두고도 출발하며
날아가거나 돌아올 수 있으므로

—「귀환」 전문

새는 주로 땅도 아니고 하늘도 아닌 그 중간, 나무 위에 둥지를 트는 버릇이 있다. 이것은 새의 이중적인 공간성을 말해준다. 새는 창공을 자유롭게 날면서 먼 곳도 단숨에 날아갈 수 있는 능력이 있다. 하지만 수천 킬로를 날아 먼 곳에 머물던 새도 저녁이 되면 둥지로 돌아온다. 특히 어린 새끼를 둔 새는 먹이를 물고 수시로 둥지를 찾는다. 편정옥의 시 「귀환」에 등장하는 새 역시 "일도 많고 탈도 많은 세상을 벗어나/고단한 날개를" 접을 수 있는 둥지에서 행복을 느낀다. 새는 창공을 날아다니며 더 넓고 다양한 세상을 보고 다양한 경험을 하게 된다. 새에게 있어서 창공을 날아다닐 수 있다는 것은 다른 짐승이 누릴 수 없는 엄청난 특권이다. 하지만 새에게 창공만 있다면 창공은 금세 공포의 공간이 될 것이다.

새가 먼 곳에서 날아와 육신을 편안히 누일 수 있는 둥지는 추억이 담긴 공간이라는 점에서 또 다른 의미가 있다. 둥지가 없다면 새에게 있어서 세상 풍경은 언제나 '미완성의 풍경'일 수밖에 없다. 새가 꿈꾸는 가장 아름다운 풍경은 새가 둥지에 들어 사랑스러운 새끼들과 사랑을 나눌 때이다. 새에게 둥지가 있다면 인간에게는 집이 있고 고향이 있고 어머니가 있다. 하지만 인간도 새처럼 자유로운 창공을 꿈꾸면서 어디론가 떠나고 싶어하는 마음이 있다.

남한강 북한강 흘러들어
합수(合水)한 두물머리
마음 사로잡는 풍광에
발길까지 잡혔다

언제 왔을까
황토 돛대를 단
작은 배 한 척

스르르 미끄러지며
팽팽하게 바람을 잡는다

어디 가려는지 묻지도 않고
주인 허락도 없이 내 마음
벌써 배에 올라 겁 없이
선뜻 따라나선다

—「두물머리에 서면」 전문

두물머리는 두 개의 물줄기가 만나 더 큰 물줄기가 되어 흐르는 곳이다. 시인은 남한강과 북한강이 만나 하나가 되는 두물머리에 마음을 빼앗긴다. 두물머리를 은유로 읽으면 남녀가 만나 하나 되어 사랑을 나누는 모습이다. 여기에 문득 나타난 황토돛배는 남녀가 사랑을 나누는 보금자리와 같은 곳이다. 황토돛배가 "스르르 미끄러지며/팽팽하게 바람을 잡"는 모습은 남녀 간의 팽팽한 사랑의 밀당 같이 읽혀져서 흥미롭다. 이러한 모습에 화자는 "어디 가려는지 묻지도 않고/주인 허락도 없이" "벌써 배에 올라 겁 없이/선뜻 따라나"서는 자신의 마음을 본다. 이러한 화자의 마음은 "시간은 끝없이 무한해도/봄은 영원히 늙지 않고/ 반가운 손님으로 찾아"(「삼월은」)오리라는 믿음이 있기 때문이다.

북한강이 흐르는 길
참 굽이굽이도 흐른다
모처럼 산뜻한 나들이에
높고 낮은 산이 동행하며
머리에 구름이고 따라온다.
아직 벼가 여물지 않은 논길
실바람 서성이다 양수리에 머물고

물속의 어족 오수를 즐기는 지
아무도 살지 않은 듯 고요하다
열두 폭 치마를 팔랑이며
볼연지가 예쁜 연꽃이 얼굴 내밀어
바쁜 길손의 발길을 잡는다.
세월 따라 내가 가는 거냐?
뒤를 따라 세월이 오는 거냐?
나는 지금 어디쯤 와 있고
미완의 길은 얼마나 남은 걸까
옥빛 고운 살결 하늘을 이고
들판을 달리는 가을 햇살
등을 달군다

—「미완의 길」 전문

화자는 모처럼 북한강 길을 따라 걸으며 벼가 익어가는 들판과 강물을 바라보면 가을의 풍광을 만끽하고 있다. 화자에게는 이러한 나들이가 혼자 하는 나들이가 아니다. 그가 강변을 걸어가면 “높고 낮은 산이 동행하며/머리에 구름이고 따라온다”. 화자는 물속에 피어있는 ‘볼연지 예쁜 연꽃’을 보면서 세월을 거슬러 올라가 자신의 젊은 날을 본다. 그리고 문득 자신을 되돌아본다. “세월 따라 내가 가는 거냐?/뒤를 따라 세월이 오는 거냐?/나는 지금 어디쯤 와 있고/ 미완의 길은 얼마나 남은 걸까”라는 화자의 생각은 중년에서 노년의 나이에 이르는 자신의 삶이 앞으로 어떻게 펼쳐질 것인지에 대한 질문이자 일종의 자기 검증이다. “실바람 서성이다” 물길이 갈라지는 양수리에 머문다는 것은 단순한 자연 풍경이 아니라 시인의 마음의 풍경이다. 새가 창공과 둥지 사이에서 마음이 머물 듯이 화자 역시 두물머리에서 두 갈래로 갈라지는 자신의 마음을 느낀다.

하지만 화자가 순간이나마 꿈꾸던 "볼연지 예쁜 연꽃"의 시대는 다시 오지 않는다. 그리하여 화자가 새롭게 만난 것은 '얼음꽃' 이다. 얼음꽃은 실제로 식물이 피워내는 꽃이 아니라는 점에서 일종의 모조의 꽃이다. 하지만 그 아름다움은 실제의 꽃 못지않다.

> 깉은 어둠이 덮인 고요한 강가
> 밤새 강물은 물안개 피우다
> 꽁꽁 얼어버린 알몸의 가지에
> 낭창낭창 꽃을 매달았다
>
> 아스라이 밝아오는 푸른 여명에
> 적막과 고요 순결까지도
> 아껴 얼려둔
> 눈부신 순백의 설렘이여
>
> 맑아 너무 맑아 속까지 내비치는
> 소름 돋는 한기에 으스스
> 시리게 핀 눈꽃이여
>
> —「상고대」 전문

이 시는 시의 이면에서 내비치는 정신이 흡사 조정권 시인의 「산정묘지」를 연상시켜 준다. 온도가 내려가면 식물은 이파리를 떨구고 동면에 든다. 겨울꽃을 피우는 극소수의 품종을 제외하고는 대부분의 꽃나무는 겨울에 꽃을 피우지 않는다. 하지만 예외적으로 꽃을 피울 때가 있다. 그것은 강물이 피워 올린 물안개를 가지에 매달고 얼음꽃을 피우는 경우이다. 아마도 차가운 얼음꽃을 매달고 있는 나무는 인고의 시간을 지나고 있는 것이지만, 그러한 인고의 시간은 자신을 '얼음꽃' 이라는 차고 아름다운 정신과 만나게 해준다. 이러한 '얼음꽃' 이나 '눈꽃' 은 식물에서 피어나는 꽃이 아닌 모조의 꽃이지만, 화자는 그러한 꽃에서 새로운 아름다움을 발견한다. 그것은 식물의 꽃이 보여줄 수 없는 인고의 아름다움이다. 따라서 '얼음꽃' 에는 일반꽃에는 없는 차갑고도 아름다운 인고의 정신이 깃들어있다. 이 꽃은 "무심한 바람에/속절없이 져 버릴/긴 여운의 아쉬움을/은은한 달빛과 뭉쳐/눈에 담아 두었다가"(「눈꽃」) 핀 꽃이기에 일반 꽃과는 다른 소중함이 있다.

꽃만 꽃이 더냐
온 집안 휘저으며
웃음 유발하는
지지 않는 꽃 중의 꽃

보석처럼 영롱한 눈망울에
이도 안 난 선홍색 잇몸
환히 드러내며 시도 때도 없이
온종일 웃고 또 웃고

보고 또 봐도 귀여운 모습
강력한 자석처럼 끌어당겨
네 앞에서는 웃음보가 터져
어쩔 수 없이 난 네게
무장해제당한다

—「꽃 중의 꽃」 전문

세상의 꽃이 아무리 아름다워도 할머니의 눈에는 손자 손녀보다 더 아름다운 꽃은 없다. 할머니에게 "보석처럼 영롱한 눈망울에/이도 안 난 선홍색 잇몸/환히 드러내며 시도 때도 없이/온 종일 웃고 또 웃"는 손주는 "온 집안 휘저으며/웃음 유발하는/지지 않는 꽃 중의 꽃"이다. 앞에서 '얼음꽃'은 비록 모조의 꽃으로 아름다운 꽃의 모양을 하고 있지만, 손주는 실제로는 꽃 모양을 하고 있지 않지만, 가장 아름답게 보인다는 점에서 최상의 꽃으로 인식된다. 이러한 화자의 모습은 단지 눈에 보이는 젊음이나 현상적 아름다움의 차원을 넘어 한층 깊은 사랑으로 내면화된 아름다움을 볼 수 있다는 점에서 진일보한 것이다. 시인에게 있어서 손주는 단지 겉모습 뿐 아니라 마음 깊이 사랑하고 싶은 아름다움을 지니고 있는 존재라는 점에서 '애인'이다. 시인은 스스로 자신을 "사랑해야 할 상대도/사랑받을 대상도 많은 여인"(「애인이 있어요」)으로 여기면서 행복을 느끼고 있다. 그에게 가족 보다 소중한 것은 없다. 이 시집에 가족의 이야기가 유난히 많이 나오는 것도 이와 무관하지 않다. 멀리 창공을 날아다니던 새도 저녁이 되면 둥지를 찾아오듯이, 인간에게 있어서 '둥지'인 가족의 품은 늘 귀향하고 싶은 곳이다.

이상에서 살펴본 바와 같이 편정옥의 시는 주체와 대상이 서로 소통하는 정경교융(情景交融)을 통한 관계의 시학으로 읽혀진다. 특히 그의 시는 동양의 전통적인 정신인 '비움의 미학'을 따르고 있다. 그의 시에 자주 등장하는 꽃, 바람, 새, 달, 별 등의 이미지들은 그의 시가 추구하는 마음의 현상학 속에서 내면화되어 시인이 추구하는 마음의 행로를 보여준다. 그의 시는 따뜻함과 차가움을 동시에 가지고 있다. 가족애로 대변되는 그의 따뜻한 시정신은 가족간의 사랑을 꽃보다 더 아름다운 꽃으로 승화시켜 보여준다. 그런가 하면 '얼음꽃' 이 보여주는 시정신은 조정권의 산정묘지가 지향했던 높고 고결한 인고의 미학을 다시 보는 듯하다.

Pyeon Jeong Ok

다시올 시선 024

바람의 길

초판인쇄 2016년 9월 20일
초판발행 2016년 9월 25일

출판등록 | 제310-2007-00028

지은이 | 편정옥
발행인 | 김영은
펴낸곳 | 다시올

주 소 | 서울 노원구 월계동 382-55
전 화 | 070-7431-5941
팩 스 | 031-855-0023
메 일 | maxim3515@naver.com

ISBN 978-89-94414-70-6 03810

정가 10,000원